Die Kuba-Krise 1962. Eine Analyse aus neorealistischer Perspektive

A. Ackermann

Bibliografische Information der Deutschen Nationalbibliothek:

Die Deutsche Nationalbibliothek verzeichnet diese Publikation in der Deutschen Nationalbibliografie; detaillierte bibliografische Daten sind im Internet über http://dnb.d-nb.de abrufbar.

ISBN: 9783389052518
Dieses Buch ist auch als E-Book erhältlich.

© GRIN Publishing GmbH
Trappentreustraße 1
80339 München

Druck und Bindung: Books on Demand GmbH, Norderstedt Germany
Gedruckt auf säurefreiem Papier aus verantwortungsvollen Quellen

Das vorliegende Werk wurde sorgfältig erarbeitet. Dennoch übernehmen Autoren und Verlag für die Richtigkeit von Angaben, Hinweisen, Links und Ratschlägen sowie eventuelle Druckfehler keine Haftung.

Das Buch bei GRIN: https://www.grin.com/document/1494665

Modulprüfung im: WiSe 2023/2024

Die Kuba Krise

Die Ereignisse rund um die 13 Tage im Jahr 1962 aus
neorealistischer Sicht

Inhaltsverzeichnis

1. Einleitung...1

2. Theoretische Grundlagen...2

   2.1. Begriffsdefinitionen 2

   2.2. Die Wurzeln des Neorealismus – Klassischer Realismus.............................. 2

3. Der Neorealismus nach Kenneth Waltz 3

   3.1 Das Selbsthilfesystem 4

   3.2 Balancing of Power... 4

4. Analyse der Akteurshandlungen während der Kuba-Krise 5

   4.1. Der Staat Kuba und seine historische Bedeutung für die USA..................... 6

   4.2 Die ideologische Rolle Kubas in der bipolaren Weltordnung......................... 6

   4.3 Die Reaktion der USA während des 16. – 29. Oktober 1962 7

5. Fazit und Ausblick..10

6. Literaturverzeichnis...12

1. Einleitung

Die als Kalter Krieg bezeichnete Zeitperiode von 1947 bis 1991 markiert einen historischen Rahmen voller direkter und indirekter Konflikte zwischen den sogenannten „Westmächten" unter der Führung der Vereinigten Staaten von Amerika und dem sogenannten „Ostblock" unter Führung der Sowjetunion (Steininger 2019: 4).

Der fundamentale Konflikt zwischen den westlichen Demokratien und den kommunistischen Staaten der Sowjetunion fand retrospektiv seinen Höhepunkt im Konflikt um die Insel Kuba, nur etwa 150 Kilometer Luftlinie entfernt von US-amerikanischem Festland. Was zur damaligen Zeit lediglich wenigen Menschen in Regierungsverantwortung beider Länder im Detail bekannt war, gilt heute als wohl brenzlichster Moment der Geschichte des Kalten Krieges (Steininger 2003: 79). Insbesondere während der 13 Tagen vom 16. – 29. Oktober 1962 war der Einsatz von atomaren Vernichtungswaffen ein so realistisches Mittel für beide Großmächte, wie es lange Zeit davor sowie danach nicht mehr der Fall war. Der Ausbruch eines Dritten Weltkriegs erschien so möglich wie nie zuvor (Steininger 2003: 80).

Den Gründen und Gegebenheiten, die diesen Konflikt entstehen lassen haben, sollen in dieser Arbeit nachgegangen werden. Auch weshalb der Konflikt nicht in einem von Atomwaffen geprägten dritten Weltkrieg gipfelte und welche Intentionen und Ziele beide Staaten verfolgten wird im Folgenden elaboriert. Konkret soll die Frage beantwortet werden, wie sich die Reaktion der USA auf die Stationierung von atomfähigen Mittelstreckenraketen durch die Sowjetunion auf Kuba erklären lässt. Die Beantwortung dieser Fragestellung geschieht im Rahmen der Großtheorie des Neorealismus nach Kenneth N. Waltz.

Zunächst werden zentrale Begriffe der Internationalen Beziehungen definiert und eingeordnet. Weiterführend widmet sich diese Arbeit in kurzem Umfang den Wurzeln des Neorealismus im klassischen Realismus nach Henry Morgenthau. Auf dieser Grundlage wird die Waltz' Großtheorie Neorealismus genau erläutert. Unter Berücksichtigung dieser wird dann das Fallbeispiel der Kuba Krise aus neorealistischer Sicht analysiert und der Versuch unternommen, das Verhalten der USA in diesem Konflikt zu erklären. Die Analyse erfolgt aufgrund des begrenzten Umfangs dieser Arbeit eher exemplarisch als strukturell. Schließlich werden in 5. Kapitel die Ergebnisse der Analyse zusammengefasst und ein Ausblick auf anknüpfende Forschungsfragen geworfen.

2. Theoretische Grundlagen

Zur Beantwortung der oben genannten Fragestellung müssen die der Theorie des Neorealismus vorliegenden Begrifflichkeiten der Anarchie, Akteursdisposition, Polarität und Uniformität eingeordnet und definiert werden.

2.1. Begriffsdefinitionen

Anarchie beschreibt das zentrale Ordnungsprinzip des internationalen Systems. Alle Staaten stehen in einem formell gleichrangigen Verhältnis zueinander. Jeder Staat besitzt die gleiche interne und externe Souveränität. Erstere bezieht sich auf die Exklusivität der Befugnis zur (notfalls gewaltsamen) Durchsetzung von Regeln, Gesetzen und verbindlichen Entscheidungen innerhalb der eigenen territorialen Grenzen jedes Staates. Externe Souveränität hingegen beschreibt das Fehlen einer ubiquitär existierenden und anerkannten Instanz über den Staaten. Die Entscheidungsmacht hinsichtlich des Verhaltens von Staaten zwischeneinander ist durch kein übergeordnetes Konstrukt eingedämmt oder steuerbar (Schimmelfennig 2021: 24-29). Die Anarchie bildet die Grundlage für verschiedene Theorien der Internationalen Beziehungen, die aus diesem Ordnungssystem verschiedene Akteursdispostionen ableiten. Jene Akteursdispositionen sind die Art und Weise, wie Akteure des Systems sich für ein bestimmtes Verhalten entscheiden (Schimmelfennig 2021: 54). Diese Akteure gelten in den Internationalen Beziehungen als uniform, was bedeutet, dass ihre Aufgaben zwar gleich sind, sie sich in ihren Machtressourcen jedoch voneinander unterscheiden (Waltz 2000: 57).

Das internationale System wies, historisch betrachtet, zu verschiedenen Zeitpunkten unterschiedliche Arten der Polarität auf. Polarität gibt an, wie Macht in Form der Anzahl von Großmächten verteilt ist. Unterschieden wird in Systeme mit einer Großmacht als unipolares System, solche mit zwei Großmächten als bipolares System, sowie mehr als drei Großmächten als multipolares System (Schimmelfennig 2021: 69).

2.2. Die Wurzeln des Neorealismus – Klassischer Realismus

Der Realismus ist eine theoretische Perspektive im Fachbereich der Internationalen Beziehungen, der postuliert, dass Staaten als Akteure des internationalen Systems unter der Bedingung der Anarchie nach Macht streben und um diese konkurrieren (Morgenthau 1963: 49-53). Als zentral gilt, dass jene Staaten, beziehungsweise deren verantwortliche Individuen in Legislative und Exekutive, zum einen rational und eigeninteressiert handeln, sowie ihren nationalen Interessen ausschließlich unter dem Einsatz von Machtmitteln nachkommen. Auch werden die Staaten als Akteure im Realismus klar von Individuen hinsichtlich ihrer moralischen Verantwortung abgegrenzt. Politische Entscheidungsträgerinnen und Entscheidungsträger müssen - im Gegensatz zu einzelnen Individuen - stets die gesamten Folgen ihres Handelns für andere bedenken und so kontinuierlich Alternativlösungen beachten und diese abwägen (Krell 2009: 147-148). Ebenso ist ein moralisches Verständnis von Politik von Bedeutung für den klassischen Realismus (ebd.). So wird zwischen einer absoluten, als zynisch und hemmungslos angesehenen Macht, die Gewalt als legitimes Mittel implementiert und einer gemäßigten und gesitteten Machtpolitik unterschieden (Morgenthau 1963: 55). Die gesittete Machtpolitik bezieht sich erneut auf eine gewissenhafte Entscheidungsfindung durch die politischen Verantwortlichen, die stets das Nationalinteresse des eigenen Staates im Zentrum ihres Abwägungsprozesses verschiedener Handlungsoptionen sieht. Jene Handlungsentscheidungen mit Vorsicht und Vernunft zu treffen, ist die „moralische Pflicht'' der Verantwortlichen (Krell 2009: 149). In Rückbezug auf das anarchische System der internationalen Politik ist es somit unausweichlich, die potenziellen Folgen und Änderungen für das System bei der Ausübung von Macht zu kennen und zu berücksichtigen, um der oben genannten Verantwortung gerecht zu werden.

Demgegenüber steht die aus dem Menschenbild des Realismus hervorgehende Annahme, dass jene Entscheidungsträgerinnen und Entscheidungsträger gleichzeitig jedoch naturgemäß nach Macht streben, was einer bedachten und vernünftigen Entscheidungsfindung wiederum im Weg stehen kann. Die Feststellung, dass unterschiedliche Lebensrealitäten die Interessen der Menschen und somit auch der Verantwortlichen global betrachtet uneinheitlich und konträr zueinander prägen, führt somit zu einer zentralen Herausforderung der internationalen Politik aus Sicht des Realismus (Schiedler/ Spindler 2010: 46). Eine hegemoniale Stellung im internationalen System kann im klassischen Realismus als eine Art Endstufe des oben genannten Machtstrebens angesehen werden und beeinflusst die erwähnten Akteursdispositionen auf verschiedene Weisen.

3. Der Neorealismus nach Kenneth Waltz

Bereits durch die Veröffentlichung seines 1959 erschienenen Werkes legte der US-amerikanische Politologe Kenneth Waltz den Grundstein für die politische Theorie des Neorealismus in den internationalen Beziehungen, als dessen zentraler Begründer er in Folge weiterer Veröffentlichungen gilt. Waltz begann mit der Untergliederung von Beziehungen in drei Analyse-Ebenen. Neben der ersten und zweiten Ebene, welche sich auf das Verhältnis von menschlichem Verhalten und internationalen Konflikten, sowie auf den Einfluss von gesamtgesellschaftlichen Ordnungen auf Konflikte zwischenstaatlicher Natur konzentriert, sah Waltz die dritte Ebene, den Zusammenhang zwischen der Anarchie des internationalen Systems und dem

Ausbruch von internationalen Konflikten im Zentrum (Waltz 1959: 239). Bezugnehmend auf die dritte der Ebenen folgt der Schluss, dass

„mit der Existenz souveräner Staaten (...) unter den Bedingungen der Anarchie kein zwingender und zuverlässiger Prozess zur Regulierung und Versöhnung von Interessenskonflikten'' (Krell 2009: 156).

existiert. Die Gegebenheit dieses Ordnungssystems, sowie die Uniformität der Einheiten lassen den Autor zu dem Schluss kommen, dass allen voran die Struktur des Systems verantwortlich für die Konsequenzen ist, die Staaten tragen und womöglich nie eigenwillig anstreben würden (Waltz zitiert aus Masala 2013: 24).

3.1 Das Selbsthilfesystem

Basierend auf dieser Feststellung ist im Neorealismus die Grundannahme entstanden, dass das Fehlen einer den Staaten übergeordneten Sanktionsinstanz zwangsläufig zu einer absoluten Priorisierung der eigenen Sicherheit und weiterführend des eigenen staatlichen Überlebens führt. Durch die gegebene Entscheidungsfreiheit jedes einzelnen Staates, eigenständig über die Anwendung und Ausführung gewaltsamer Aktivitäten außerhalb der eigenen Territorialgrenzen verfügen zu können, entstand im Neorealismus die Auffassung eines dauerhaften Kriegszustandes (Waltz 1979: 103).

Diese Betrachtungsweise postuliert nicht, dass kriegerische Auseinandersetzungen dauerhaft auftreten, sondern bezieht sich vielmehr auf die stetig gegebene Gefahr, dass ein Staat Gewalt gegen einen anderen ausübt.

Unter diesem Umstand gilt das internationale System in Hinblick auf die oben genannte Priorität des staatlichen Überlebens im Neorealismus als ein Selbsthilfesystem. Solche Staaten, die ihrer eigenen Sicherheit nicht ausreichend Kapazitäten interner Art in Form von Machtmitteln oder externer Art in Form von Bündnissen zuordnen, müssen mit einer Gefährdung ihrer Autonomie rechnen (Krell 2009: 158).

3.2 Balancing of Power

Die Gegebenheit dieser systemischen Unsicherheit, gepaart mit den in 2.2 bereits erwähnten uneinheitlichen und zum Teil konträren Interessen einzelner Staaten, führt zwischen diesen bezogen auf deren Machtkapazitäten zu einem Wettbewerb um das entscheidende Regulativ - das sogenannte „Balancing of Power''. Jener Akt, die Machthoheit im internationalen System zu erlangen, entspricht dem Prinzip eines Nullsummenspiels.

4

Ein Machtgewinn auf der eigenen Seite ist ein Machtverlust des Opponenten auf der anderen Seite (Schiedler/ Spindler 2010: 90). Trotz dieses Umstandes sind Staaten als Einheiten des internationalen Systems beim „Balancing of Power" im Neorealismus ganz konkret darauf konzentriert - aufgrund des mehrfach erwähnten Ziels des Eigenschutzes - ein Machtgleichgewicht anzustreben und nicht etwa eine Hegemonialstellung.

Zur Erreichung dieses Ziels haben Staaten unterschiedliche Möglichkeiten des Machtausgleichs. Unterschieden wird hierbei im Falle eines Machtungleichgewichts in internes - und externes „Balancing" (Schimmelfennig 2021: 77). Die erste der beiden Methoden, also die des internen „Balancings" bezieht sich auf den Prozess der Aggregation des Machtpotentials in innerstaatlichen Angelegenheiten, wie beispielsweise die Förderung der inländischen Wirtschaft, eine Erhöhung der Anzahl der Streitkräfte oder die Entwicklung effizienterer Waffensysteme (ebd.).

Externes „Balancing" meint hingegen den Ausgleichsprozess eines Machtvorsprungs durch die Bildung von Bündnissen. Bei letzterer Variante gehen Unsicherheiten und Autonomieverluste immer mit der Bildung solcher Bündnisse einher, weshalb jene Variante wesentlich unattraktiver ist als der interne Machtausgleichsprozess (Schimmelfennig 2021: 78). Auch schafft hierbei die Aussicht auf absolute Gewinne für beide Seiten keineswegs ein Argument für jene Ausgleichsmethode, da Staaten in Hinblick auf ihre Sicherheit Sorge haben müssen, dass jener Machtgewinn auf anderer Seite in Zukunft zum eigenen Nachteil ausgenutzt werden könnte (Krell 2009: 160).

In Rückbezug, sowohl auf die eingangs definierte Uniformität der Staaten als auch auf das System der Selbsthilfe in den Internationalen Beziehungen sind beide „Balancing"-Prozesse Mittel zum Zweck des Erhalts der eigenen Sicherheit im anarchischen System (ebd.).

4. Analyse der Akteurshandlungen während der Kuba-Krise

Zur adäquaten Analyse und Erklärung der Reaktion der Vereinigten Staaten von Amerika auf die Stationierung atomfähiger Mittelstreckenraketen durch die Sowjetunion auf Kuba ist es zwingend notwendig die historischen Ereignisse und die strategische Rolle der Insel aus Sicht der oben elaborierten Großtheorie der Internationalen Beziehungen auszuführen und einzuordnen. Darauffolgend werden die konkreten Ereignisse der 13 Tage im Oktober 1962, die später unter dem Namen „Kuba-Krise" in die Geschichte eingehen werden, aus neorealistischer Sicht analysiert.

4.1. Der Staat Kuba und seine historische Bedeutung für die USA

In der sich nach dem zweiten Weltkrieg etablierenden bipolaren Weltordnung wurde allen voran die Sowjetunion zu einem Antagonisten der USA. Der bereits 1947 entfachte Konflikt ohne aktive Kriegshandlung entzweite beide Großmächte zuverlässig über Jahrzehnte und ließ sie in verschiedensten Situationen aneinandergeraten (Greiner 2010: 10). Der Kampf um den Inselstaat Kuba übertraf jedoch in seiner Intensität alle bisherigen Auseinandersetzungen zwischen den Konfliktparteien. Die zentrale Bedeutung Kubas entstand für die USA bereits weitaus vor dem zweiten Weltkrieg. Bereits zu Zeiten des amerikanisch-spanischen Krieges bauten die Vereinigten Staaten ihren Einfluss auf der Insel aus (Steiniger 2003: 74). Zu dessen Ende 1898 geriet Kuba in völlige Abhängigkeit von den USA, die dem Inselstaat circa 150 Kilometer Luftlinie entfernt von Florida zwar laut öffentlicher Verlautbarungen vorrangig aus wirtschaftlichen Interessen zugewandt waren, dessen Verfassung aber seit 1902 das US-Amerikanische Recht beinhaltete, auf der Insel auch zu eigenen militärischen Zwecken zu intervenieren (Greiner 2010: 16). Aus neorealistischer Perspektive lässt sich dieses, im Jahr zuvor durch den US-Kongress reklamierte Recht in Hinblick auf das bereits thematisierte Selbsthilfesystem in Anbetracht der geringen Entfernung der Insel zu den eigenen Staatsgrenzen als Vorgehen zur Stärkung der staatlichen Überlebenschancen und somit als sicherheitspolitischer Vorgang einordnen. Auch die zwischen 1906 und 1923 wiederholte Entsendung US-amerikanischer Teilstreitkräfte bestärkt diese Erkenntnis und machte Kuba zu einem de facto Protektorat, was damit die potenziell von der Insel ausgehende Gefahr unter den grundsätzlichen Bedingungen der Anarchie merklich reduzierte (Greiner 2010: 17). Dieser amerikanische Einfluss hatte unter anderem unter Präsident Fulgencio Batista eine lange Zeit bestand. Nachdem dieser 1958 aufgrund zunehmender Korruption und Selbstbereicherung von den USA fallen gelassen wurde, folgte ein Generalstreik sowie die Flucht Batistas. Wenige Tage später zogen Fidel Castro, Ernesto >>Che<< Guevara und weitere Rebellen in die Hauptstadt Havanna ein und bildeten wenig später eine Revolutionsregierung (Steininger 2003: 75).

4.2 Die ideologische Rolle Kubas in der bipolaren Weltordnung

Dieser Einflussverlust der USA durch die Revolution auf Kuba machte sich unter anderem schnell durch wirtschaftspolitische Entscheidungen wie Steuererhöhungen, Sozialreformen und Enteignungen, alle zum Nachteil amerikanischer Unternehmen, erkennbar (ebd.). Spätestens infolge der 1960 beschlossenen Aufnahme von diplomatischen Beziehungen zwischen der Sowjetunion und Kuba galt die Insel aus strategischer Sicht der USA als verloren. Dies wurde im darauffolgenden Jahr in Form des Abbruchs aller diplomatischen Beziehungen zwischen beiden Ländern manifestiert. Betrachtet man diesen Verlust aus neorealistischer Perspektive im Auge des kalten Krieges, so kann bereits vor Beginn der Zuspitzung der Ereignisse rund um die Insel von einer geostrategischen Potentialverschiebung gesprochen werden. Zwar waren zu diesem Zeitpunkt noch keine direkten Machtpotentiale in Form von Waffensystemen oder ernsthaft gefährlichen Truppen im *Hinterhof der USA* vorzufinden, trotzdem war der Eingriff durch die Sowjetunion in Anbetracht der Pläne der Revolutionsregierung, Kuba als Ausgangspunkt zu nutzen, um weitere Staaten einem kommunistischen Einfluss zu unterziehen, von Bedeutung ideologischer Natur im Angesicht der bipolaren Weltordnung (Greiner 2010: 17). Ideologische Einflüsse sind kein direkter Bestandteil der neorealistischen Theorie. Geht man jedoch davon aus, dass eine sowjetische Einflussnahme auf Südamerika - wie in den Plänen der Revolutionäre vorgesehen – ähnlichen Erfolg gehabt hätte wie der Einmarsch Castros auf Kuba, so lässt sich hieraus in Punkten wie der Truppenstärke oder militärischer Ausrüstung ein klares externes „Balancing" seitens der Sowjetunion ableiten, was die Position der USA merklich hätte schwächen können und die ideologische Rolle der Insel und ihr potentiell folgenden Staaten, für die USA erklärt.

4.3 Die Reaktion der USA während des 16. – 29. Oktober 1962

Der 14. Oktober 1962 markiert einen der bedeutendsten Tage während des kalten Kriegs. Durch eine U-2 Aufklärungsmaschine erlangten die USA Gewissheit über die Stationierung atomfähiger Mittelstreckenraketen durch die Sowjetunion auf Kuba (Steininger 2003: 77). Diese Stationierung kann zum einen als Resultat der vorausgegangenen Invasionsversuche der USA betrachtet werden, als auch als Reaktion auf die Stationierung von Atomraketen in mehreren Ländern Europas durch die Vereinigten Staaten gedeutet werden. Das neorealistische Element des externen „Balancings" lässt sich hierauf sinnig beziehen. Durch die vorausgegangenen Versuche, Kuba zurück unter amerikanischen Einfluss zu bringen, fürchtete die Sowjetunion folglich den zuvor gewonnenen Bündnispartner wieder zu verlieren, was im Sinne des Ziels eines Kräftegleichgewichts ein Rückschlag gewesen wäre. Durch die Stationierung von Atomwaffen war es den USA nicht mehr ohne Weiteres möglich, militärisch auf der Insel zu intervenieren (ebd.). Der Vorsitze der Sowjetunion Nikita Chruschtschow wird diesbezüglich heute so zitiert:

> „Die Amerikaner würden es sich schon zweimal überlegen, unsere Stellungen durch einen militärischen Schlag zu eliminieren. (…) Und selbst, wenn nur ein Viertel oder auch nur ein Zehntel unserer Raketen einen Angriff überstehen würde (…) könnten wir damit immer noch New York beschießen" (Chruschtschow zitiert aus Steininger 2003: 77).

7

Zusätzlich war im vorausgegangenen Jahr durch eine Rede des stellvertretenden Außenminis-
ters Rosewell Gilpatric öffentlich die Stationierung US-amerikanischer Thor-Raketen in Italien,
sowie von Jupiter-Raketen in der Türkei verkündet worden. Beide Länder lagen in strategisch
günstigen Positionen für die USA, was den Druck auf die ohnehin schon militärisch schwächere
Sowjetunion erhöhte und dieser einen Grund lieferte, sich um eine bessere Position im internationalen Selbsthilfesystem zu bemühen (Steininger 2011: 31-32). Bereits der Vergleich der
Nuklearwaffenarsenale beider Staaten im betreffenden Zeitraum verstärkt das Bild einer weitaus überlegenen USA (vgl. Abbildung 1).

Abbildung 1: Vergleich der Nuklearwaffenarsenale der USA und der UdSSR 1950-1990

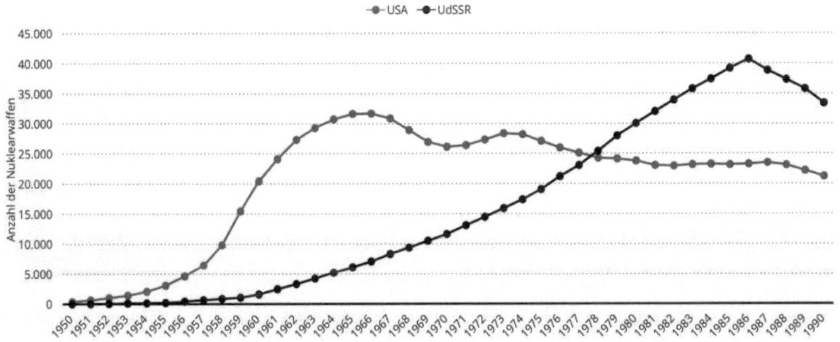

Quelle: Statista-Dossier zum Kalten Krieg (2018)

Andererseits hatte die Stationierung auf Kuba in der Öffentlichkeit den Effekt einer psycholo-
gischen Verschiebung des Kräfteverhältnisses zwischen beiden Akteuren und galt deshalb als
Startpunkt der absoluten Zuspitzung der Krise um den Inselstaat (Steininger 2003: 75). Rein
psychologisch ist diese Verschiebung deshalb, da – wie bereits erwähnt - gemessen an den zu
diesem Zeitpunkt bekannten Daten sowohl die primären als auch sekundären Machtmittel der
USA, die der Sowjetunion weitaus übertrafen.
Die Unterscheidung in primär und sekundär bezeichnet die Einordnung von „capabilites", also
Möglichkeiten eines Akteurs in einer kriegerischen Auseinandersetzung. So meinen primäre
Machtmittel beispielsweise Nuklearwaffen, die Größe der Armee oder die Anzahl an Allian-
zen. Sekundäre Machtmittel sind beispielsweise die Wirtschaftskraft oder die Bevölkerungs-
größe – Letzterer ist der Einzige der genannten Parameter, in welchem die Sowjetunion den
USA überlegen war (Statista 2018: 16-38).

Zwar lässt sich argumentieren, dass durch die geringe Entfernung und die damit verbundene Möglichkeit, von Kuba aus nahezu jedes Ziel der Vereinigten Staaten mit deutlich weniger Vorlaufzeit einem Nuklearschlag unterziehen zu können als durch die Atomwaffen auf dem kontinentalen Europa, aus neorealistischer Perspektive ergibt diese Argumentation jedoch nur begrenzt Sinn. Zentral ist hierbei das Prinzip der Zweitschlagkapazität. Atomare Kapazitäten gelten aus neorealistischer Sicht stets dem Streben nach eigener Sicherheit unter den Bedingungen der Anarchie. Gleichzeitig ist diese jedoch dafür verantwortlich, dass jederzeit auch der Fall eines gegnerischen Angriffs in Betracht gezogen werden muss.

Das bedeutet in der Praxis, dass ein angegriffener Staat mit an Sicherheit grenzender Wahrscheinlichkeit niemals derart zerstört werden könnte, dass nicht immerhin ein Teil seiner atomaren Kapazitäten erhalten bliebe.

In der Theorie könnten diese übrigen Waffen dann als logische Konsequenz eines Erstschlages für einen „Vergeltungsschlag" eingesetzt werden, was die Sicherheit des Angreiferstaates im Angesicht des Ausmaßes von atomaren Kriegshandlungen gänzlich bedrohen würde (Schiedler/ Spindler 2010: 76).

Mit Rückbezug auf das Fallbeispiel und die Stationierung der atomfähigen Sprengköpfe auf Kuba wäre also ein Erstschlag durch ebenjene aus neorealistischer Perspektive auszuschließen gewesen, da es aller Voraussicht nach das faktische Ende der militärisch unterlegenen Sowjetunion bedeutet hätte. Dieser Feststellung zum Trotz verschärften die USA ihr Vorgehen und erwägten intern in einem Exekutivkomitee (ExComm), das in den entscheidenden zwei Wochen der Krise ununterbrochen tagte, sogar Luftangriffe auf die Insel zu fliegen und damit einen direkten Kriegsfall auszulösen.

Mitglieder des ExComm waren sich sicher, dass direkte Vergeltung der Sowjetunion aufgrund der deutlichen Überlegenheit der USA ausbleiben würde (Steininger 2011: 82). Die spätere Entscheidung gegen Luftangriffe und für eine Seeblockade Kubas mithilfe zahlreicher, hochgerüsteter Militärschiffe gab der Sowjetunion Spielraum den direkten Kriegsfall abzuwenden und auf diese Blockade zu reagieren.

Dieses Verhalten der USA, trotz des Wissens um militärische Überlegenheit, lässt sich wieder in Rückbezug auf den Fokus der eigenen Sicherheit und des eigenen staatlichen Überlebens erklären. Auch die aus Sicht der US-Regierung geringe Wahrscheinlichkeit eines Vergeltungsschlages genügte, um sich gegen eine offensive Variante der Konfliktlösung zu entscheiden. Sowohl die Sowjetunion als auch die USA sahen ihre Sicherheit durch Raketenbasen in unmittelbarer Nähe ihrer Landesgrenzen in Anbetracht des anarchischen Systems als bedroht.

Deshalb entsprechen die darauffolgenden beidseitigen diplomatischen Bemühungen um einen - wenn auch geheimen - Abzug der amerikanischen Raketen aus der Türkei, im Gegenzug zu selbigem aus Kuba ebenso dem neorealistischen Bild des rationalen Akteurs, dessen eigene Sicherheit im Zentrum seiner Handlungen steht (Steininger 2003: 88).

5. Fazit und Ausblick

Abschließend soll unter Berücksichtigung des Fallbeispiels und der eingangs dargelegten Theorie zusammenfassend verdeutlicht werden, wie das Verhalten der USA während der Kuba-Krise aus neorealistischer Sicht zu erklären ist.

Die Struktur des internationalen Systems spielt eine zentrale Rolle für die Theorie des Neorealismus. Diese zwingt die Staaten innerhalb des als anarchisch geltenden Systems zu Handlungsweisen, die von diesen womöglich nicht beabsichtigt sind (Waltz 1979: 118). Gleichwohl sind die uniformen Staaten stets des eigenen Überleben willens, darauf bedacht Machtunterschiede im Rahmen ihrer Möglichkeiten auszugleichen und sich so um eine günstige Lage im sogenannten Selbsthilfesystem zu bemühen (Schimmelfennig 2021: 24-19).

Das Beispiel der Kuba-Krise zeigt eindrücklich, wie weit das Selbsthilfesystem Staaten treiben kann. Rein die Ungewissheit über die Intentionen der gegnerischen Partei und das Fehlen einer Interventions- und Sanktionsinstanz führte die Welt an die Schwelle zu einem Atomkrieg (Steininger 2003: 67). Die bipolare Weltordnung, geprägt durch den Systemstreit zwischen der „freien Welt", deren Führung die USA für sich beanspruchen und dem Kommunismus, vertreten durch die Sowjetunion fand in den 13 Tagen im Oktober 1962 ihren dramatischen Höhepunkt im vermeintlichen Kräftemessen zwischen den beiden Supermächten. Unter Betrachtung der militärischen Kapazitäten beider Staaten begründet sich sehr deutlich, weshalb es sich ausschließlich um eine vermeintliche Machtprobe handeln konnte. Das sekundäre Machtmittel der Bevölkerungsgröße war die einzige Komponente, in welcher die Sowjetunion den Vereinigten Staaten nicht unterlegen waren. In Hinblick auf die bereits elaborierte Zweitschlagkapazität wäre die für den Neorealismus zentrale Priorisierung der eigenen Sicherheit der Sowjetunion im Falle eines Angriffs auf die USA durch atomfähige Mittelstreckenraketen auf Kuba gänzlich in Gefahr gewesen. Auch deshalb ist die direkte Reaktion der USA aus Sicht der Großtheorie nicht vollständig zu erklären.

Allerdings sind die Handlungen jedoch in selbem Maß ein geeignetes Beispiel für die Auswirkungen der Anarchie im internationalen System. Selbst die aus Sicht der USA geringe Wahrscheinlichkeit eines Angriffes durch Stellungen auf der Insel genügte, um die eigene staatliche Sicherheit derart bedroht zu sehen, dass man zwecks Entfernung dieser Stellungen zum

Äußersten bereit gewesen wäre. Wiederum auch dass dieser Fall keine Realität geworden ist und sogar diplomatische Lösungen zum Nachteil der USA - durch den Abbau der Stellungen in der Türkei - gefunden worden sind, zeigt aus neorealistischer Sicht eindrücklich wie Zentral das Kriterium der staatlichen Sicherheit unter den Bedingungen der Anarchie für die Einheiten dieses Systems ist.

Der Frage nach militärischen Machtressourcen und dem daraus resultierenden verbundenen Verhalten von Staaten gewinnt heute, im Angesicht des russischen Angriffskrieges auf die Ukraine, wieder zunehmend an Bedeutung. Vor diesem, sowie dem Hintergrund einer Transformation hin zu einem unipolaren Machtsystem in Hinblick auf das aufstrebende China gilt es, sich in weiteren Forschungsarbeiten damit zu beschäftigen, wie sich militärische Kapazitäten noch heute auf die internationale Politik auswirken und wie unterschiedlich diese angesichts mehrerer Antagonisten wirken und verwendet werden.

Demnach bleibt die Frage nach dem Einfluss dieser Machtmittel auf das anarchische Verhältnis von Staaten eine grundlegende Herausforderung für die Wissenschaft und Praxis der Internationalen Beziehungen – insbesondere mit Bezug auf die Ausschöpfung von primären und sekundären Machtpotentialen in einer deutlich globalisierteren und allen voran digitalisierten Welt.

6. Literaturverzeichnis

Greiner, Bernd (2010): Die Kuba-Krise: Die Welt an der Schwelle zum Atomkrieg. München: Verlag C.H.Beck oHG.

Krell, Gert (2009): Weltbilder und Weltordnung: Einführung in die Theorie der internationalen Beziehungen (4. Auflage). Baden-Baden: Nomos Verlagsgesellschaft.

Masala, Carlo (2013): Kenneth N. Waltz: Einführung in seine Theorie und Auseinandersetzung mit seinen Kritikern (2. Auflage). Baden-Baden: Nomos Verlangsgesellschaft

Morgenthau, Hans J. (1963): Macht und Frieden: Grundlegung einer Theorie der internationalen Politik. Gütersloh: Bertelsmann.

Parry-Giles, Shawn J. (2002): The rhetorical presidency, propaganda, and the Cold War, 1945 – 1955. Westport, Connecticut, London: Praeger, S. 129-169.

Schieder, Siegfried/ Spindler, Manuela (Hg.) (2010/2020): Theorien der internationalen Beziehungen. Opladen & Farmington Hill: Verlag Barbara Budrich, S. 427-460.

Schimmelfennig, Frank (2021): Internationale Politik (6. Auflage). Paderborn: Verlag Ferdinand Schöningh, S. 43-59; 160-185.

Statista (2018): Kalter Krieg: Statista-Dossier zum Kalten Krieg, Hamburg. URL: https://de.statista.com/statistik/studie/id/58819/dokument/kalter-krieg (08.03.2024)

Steininger, Rolf (2003): Der Kalte Krieg. Frankfurt: Fischer, S. 61-103.

Steininger, Rolf (2011): Die Kubakrise 1962: Dreizehn Tage am atomaren Abgrund. München: Olzog Verlag GmbH

Steininger, Rolf (2019): Der Kalte Krieg: 1945-1991. Innsbruck: Studienverlag, S. 3-17

Waltz, Kenneth N. (1959): Man, the State and War: A Theoretical Analysis. New York: Columbia University Press, S.234-245

Waltz, Kenneth N. (1979): Theory of International Politics. Reading, Massachusetts: Addison-Wesley Publishing Company, S. 70-121.